From

____

to

____

My first real memory of you is

The first kiss you gave me felt like

The best gift you ever gave me was

You inspire me to

I love you because you appreciate

____

____

____

____

____

____

____

____

You laugh the hardest when

____

____

____

____

____

____

____

My favorite outing with you alone was

Your biggest gesture as a mother was

9.

Your hug is

10.

The time we laughed the hardest was

Your best characteristic is

In my childhood the best memory with you is

My favorite part of your motherhood is

I like your cooking because

15.

I am a better person because you

____

____

____

____

____

____

____

16.

In my dreams you

____

____

____

____

____

____

____

____

17.

When I have a bad day, you

18.

You are a good person because

19.

If you could be an animal, you would be

20.

Instead of saying I love you, you do this instead

The bravest thing you did was

____

____

____

____

____

____

____

I love you because you support

____

____

____

____

____

____

____

____

23.

You get excited about

24.

For birthdays you

Your nickname for me is

____

____

____

____

____

____

____

You taught me

____

____

____

____

____

____

____

I loved that you saved

You looked your most beautiful when

29.

I love that we are so alike in

30.

Your guilty pleasure is

♡ *31.*

I love you because even though I made a mistake you

____

____

____

____

____

♡ *32.*

Our most memorable trip was

____

____

____

____

____

The best piece of advice you gave me was

____

____

____

____

____

____

____

____

Your greatest sacrifice as a mother is

____

____

____

____

____

____

____

____

35.

If you were a famous person you would be

36.

The best joke you have ever told me was

37.

When you are away I miss

38.

I love you because you are proud of

You like to try new things like ______________________

____

____

____

____

____

____

____

You are my best friend because ______________________

____

____

____

____

____

____

____

41.

You are great with

____

42.

When I am sick, you

____

(43.)

If you could be a drink, you would be ____________

____

____

____

____

____

____

____

(44.)

You deserve ____________

____

____

____

____

____

____

____

45.

The funniest thing you ever did

46.

Your superpower is

Your greatest gift to me was

I love you because you are able to

49.

You are my heroine because

____
____
____
____
____
____
____

50.

I love that you remember tiny things like

____
____
____
____
____
____
____

51.

You are at your best when

52.

I love that I inherited from you

My favorite story story of yours is

What gives you the most pleasure is

55.

To make me feel safe you always

56.

My favorite game as a child with you was

When I think of you, first thing that comes to mind is

\

One thing that only we share is

59.

You spoiled me with

____
____
____
____
____
____
____
____

60.

What you inspired me to do was

____
____
____
____
____
____
____
____

As a woman you are

____

____

____

____

____

____

____

What you hold the most dear is

____

____

____

____

____

____

____

63.

I have grown into this person because you ______________

____

____

____

____

____

____

____

64.

One thing I didn't inherited from you, but I would like
to is ____

____

____

____

____

____

____

_65._

I love that you never
____
____
____
____
____
____
____

_66._

My favorite memory of you is
____
____
____
____
____
____
____

❤ **67.**

If a song could describe you it would be ________________
____
____
____
____
____
____
____

❤ **68.**

You do not give up on ________________________
____
____
____
____
____
____
____

The little things that annoy me but I still love you because of them

You enabled me

71.

Five words that describe you are

____

____

____

____

____

____

____

72.

My favorite food that you make me is

____

____

____

____

____

____

____

73.

If you could be a color you would be

74.

The hobby we share together

75.

I can count on you when ________________________________

____

____

____

____

____

____

____

76.

It reminds me of you when I see ________________________

____

____

____

____

____

____

____

____

You biggest compliment to me was

What I learned from your motherhood is

Our most meaningful conversation was about

You are a strong woman because

Our favorite photo is

You are most talented when it comes to

83.

If you could be a flower you would be

____

____

____

____

____

____

____

84.

I love our little ritual

____

____

____

____

____

____

____

85.

Three things I do as same as you do

86.

The cutest text message from you was

You gave me life but you also gave me ______________

____

____

____

____

____

____

____

One thing I've never told you ______________

____

____

____

____

____

____

____

I love that you cherish

Being a mother enabled you to

91.

Your favorite movie is

____

92.

The thing you bought me even though you didn't have
enough

You admire

The title of your book would be

95.

What I like the most about you

96.

I love you because you are not ashamed

97.

You raised me to be

____

____

____

____

____

____

____

98.

I am thankful for

____

____

____

____

____

____

____

The greatest challenge for you was

You are the best mother because

I
Love
you
just
because